ÉPÎTRE

SUR

LA CALOMNIE,

PAR

MARIE-JOSEPH CHÉNIER,

MEMBRE DU CONSEIL DES CINQ CENTS,
ET DE L'INSTITUT NATIONAL.

> Semper ego auditor tantum? nunquam ne reponam,
> Vexatus toties?
>
> JUVENAL, sat. I.

A PARIS,

DE L'IMPRIMERIE DE P. DIDOT L'AÎNÉ.

AN V DE LA RÉPUBLIQUE.

ÉPÎTRE
SUR
LA CALOMNIE.

Philandre, qui toujours, sage avec profondeur,
Méprisas des partis l'ambitieuse ardeur,
Fléau de la licence et de la tyrannie,
En nos temps orageux vois-tu la calomnie
Affermir chaque jour par de nouveaux excès
Son pouvoir sacrilege et ses hideux succès?
Tandis que du sénat la justice rigide
Oppose à son poignard une impuissante égide,
Triomphante, elle rit du vain courroux des lois,
Et de la renommée usurpe les cent voix.

D'écrivains, d'imprimeurs quelle horde insensée
Diffame ce bel art de peindre la pensée!
Quel impudent ramas de fourbes délateurs!
Que de frippiers d'écrits! que de plats imposteurs!
Le démon du mensonge inspire leurs brochures;
Un peu d'or fait couler des flots d'encre et d'injures.

Un faquin sans esprit, chansonnier des valets,
De refrains d'anti-chambre habillant ses couplets,
Compile lourdement de tristes facéties,
Qu'il orne avec raison du nom de rapsodies;
Le stupide Léger veut remplacer Piron;
Fantin se croit Tacite, et Richer Cicéron;
Contre tout l'institut Charlemagne conspire;
Le fiel est leur talent, la fange est leur empire :
Cent grimauds, de Zoïle effrontés écoliers,
Barbouillant à l'envi des pamphlets journaliers,
Vont prendre tour-à-tour leçon de calomnie
Chez le docte Suard, qui ment avec génie.
Quand nos guerriers, bravant et le glaive et l'airain,
Étonnent l'Éridan, le Danube, et le Rhin,
Dans les murs de Paris l'Autriche a son armée,
Qui, faisant chaque jour mentir la renommée,
De loin, par des pamphlets signalant sa valeur,
Poursuit sous des lauriers Buonaparte vainqueur,
Et, vantant des Germains la prudente retraite,
Pour l'aigle fugitive embouche la trompette.
Dans ce noble troupeau, doublement indigent,
Nul n'a besoin d'honneur, tous ont besoin d'argent;
Ils mettent leur sottise aux gages des libraires;
Après un long orage, insectes éphémères,
Envieux par nature et brigands par métier,
Ils vendent l'infamie à qui veut la payer,
Et, meublant de Maret la boutique infernale,
Ils dînent du mensonge et soupent du scandale.

Ainsi, lorsque zéphyr chasse les aquilons,
Tout l'essaim bourdonnant des stériles frèlons
Pille ce miel si doux exprimé par l'abeille
Des sucs délicieux de la rose vermeille.

Mais quoi! me dira-t-on, désormais prétends-tu
Donner l'esprit aux sots, aux frippons la vertu?
Pourras-tu, des héros négligeant la peinture,
Abaisser tes crayons à la caricature?
Et le hideux portrait des bâtards de Gâcon
Doit-il souiller la main qui peignit Fénélon?
A Fonvielle, à Langlois daigneras-tu répondre?
Leur nom seul prononcé suffit pour les confondre.
Veux-tu donc, irrité contre ce vil troupeau,
Armé des fouets vengeurs d'Horace et de Boileau,
Fesser le grand orgueil du petit la Crételle,
Rendre d'un Jolivet la bêtise immortelle,
Et, du plat Souriguiere exhumant les écrits,
Disputer au néant ses plus chers favoris?

Non; je ne tente point les choses impossibles:
Organes du public, d'autres, plus inflexibles,
Exerçant à loisir le pouvoir d'un bon mot,
Puniront Morellet du malheur d'être un sot.
S'il sait l'art d'ennuyer, on sait bâiller en France,
Et sottise sans fiel mérite tolérance.
On ne me verra point, don Quichotte nouveau,
De prétendus géants me remplir le cerveau,

Et, la lance en arrêt, cherchant les aventures,
Ou redresser les torts, ou venger les injures.
Que Mercier livre encor cent combats renaissants
A Racine, à Voltaire, et sur-tout au bon sens;
Qu'il nous vante Rétif, son émule en folie;
Que, d'un fard imposteur enluminant Thalie,
Surpassant en jargon tous ses nombreux rivaux,
Dumoustier dans ses vers commente Marivaux;
Que le cousin Beffroi reste au fond de la lune;
Qu'au milieu du sénat, qu'à la même tribune
Où la raison sublime allumait son flambeau,
Où discutait Syeys, où tonnait Mirabeau,
Où de Vergniaux souvent l'éloquence énergique
Vainquit de Dumolard le fatras léthargique,
Plein d'orgueil et de mots, Dumolard aujourdhui
Distille en longs discours la sottise et l'ennui:
A tous ces beaux esprits il est permis d'écrire,
Et j'attends qu'un décret me condamne à les lire.
Plus tolérant encor, je souffre qu'en tout lieu
Trissotin Rœderer s'appelle Montesquieu.
Poursuis, cher Trissotin: doctement ridicule,
Écrase le bon sens sous ta lourde férule;
Et, de la renommée épris à son insu,
Régente l'univers sans en être apperçu.
La sotte vanité tient à l'espece humaine;
Lémerer vous salue au nom de Démosthene;
L'auteur même du Sourd n'est pas exempt d'orgueil;
De Richer, de Babeuf c'est le commun écueil;

Et Gallais, qui n'a point, mais qui donne la gloire,
Croit que le sort du monde est dans son écritoire.
Qu'il vante Dumolard si lourdement disert,
Ou d'un nouveau Midas fasse un nouveau Colbert;
Sur sa lyre de plomb que Souriguiere chante
De Dumont converti l'humanité touchante;
Si tel est leur plaisir, aisément j'y souscris.
Mais tous ces grands auteurs, dans leurs petits écrits,
Se livrant aux écarts d'une impure licence,
Ont dépassé la borne où finit la décence.
L'écrivain philosophe, au-dessus des clameurs,
Instruit par la morale, et sur-tout par ses mœurs;
La balance à la main, le sévere critique
Voit couronner son front du laurier didactique;
Armé de la satyre, un auteur médisant
Fait excuser son fiel quand il est bon plaisant;
Souvent même du goût c'est le vengeur utile:
Mais nuire à prix d'argent, sans pudeur et sans style,
Empoisonner le fer qui vous perce le sein,
C'est le talent d'un lâche et l'art d'un assassin.

Les calomniateurs, je le sais bien, Philandre,
Ne manquent point d'amis ardents à les défendre;
Pour un esprit mal fait leur genre a des appas;
Mentir est le talent de ceux qui n'en ont pas;
Nuire est la liberté qui convient aux esclaves:
Foulant au pied des mœurs les utiles entraves,

De libelles fameux les auteurs inconnus
Ont sur ce noble droit fondé leurs revenus.
Comme eux, nos décemvirs, ces tyrans du génie,
Chérissaient, protégeaient, vantaient la calomnie,
Et du chêne civique ils couronnaient le front
Qu'à Rome on eût flétri d'un solemnel affront.
Quel fut le résultat de cet affreux système?
Contemple nos débris, et prononce toi-même.
Vois dans ses premiers jours la république en deuil,
L'élite des Français descendant au cercueil,
Les impurs échafauds servant de mausolées,
Les graces, les vertus d'un long crêpe voilées,
Près d'elles le génie éteignant son flambeau,
Et les beaux arts pleurant sur un vaste tombeau.
Ces malheurs sont récents: quel monstre les fit naître?
Sa trace ensanglantée est facile à connaître:
La calomnie, esclave et docile aux tyrans,
Dès qu'ils eurent parlé, déchaîna ces torrents
Qui, du Var à la Meuse étendant leurs ravages,
Ont séché les lauriers croissants sur nos rivages.
Elle ouvrit les prisons, dressa les échafauds,
Et sur le tribunal fit siéger les bourreaux.
C'est elle, tu le sais, qui, dans Athene ingrate,
Exilait Aristide, empoisonnait Socrate;
Qui dans Rome opprimée égorgeait Cicéron,
Ouvrait les flancs glacés du maître de Néron;
Qui livrait dans Paris aux fureurs populaires
Du sage Lamoignon les vertus séculaires.

Ainsi tombaient Thouret, Barnave, Chapelier,
L'ingénieux Bailly, le savant Lavoisier,
Vergniaux, dont la tribune a gardé la mémoire,
Custine et Beauharnais, noms chers à la victoire.
Condorcet, dans les bois traînant ses pas errants,
Nous éclairait encor de ses rayons mourants;
Et des vainqueurs des rois les bourreaux despotiques,
Ambitieux servis par des sots fanatiques,
Souillant la liberté d'éloges imposteurs,
Immolaient en son nom ses premiers fondateurs.

Allons, plats écoliers, maîtres dans l'art de nuire,
Divisant pour régner, isolant pour détruire;
Suivez encor d'Hébert les sanglantes leçons,
Sur les bancs du sénat placez les noirs soupçons;
Qu'au milieu des journaux la loi naisse flétrie,
Dans les pouvoirs du peuple insultez la patrie;
Qu'un débat scandaleux s'élève à votre voix
Entre le créateur et l'organe des lois;
Portez au ciel Tartuffe et proscrivez Moliere,
Empoisonnez de fiel la coupe hospitaliere;
Courez dans tous les cœurs attiédir l'amitié;
Séchez dans tous les yeux les pleurs de la pitié,
Opposez aux vivants l'éloquence des tombes;
Prêchez l'humanité, mais parlez d'hécatombes:
Plus coupables encor, tels que de noirs corbeaux,
Osez des morts fameux déchirer les lambeaux:

Auprès de leurs rayons rassemblez vos ténèbres;
Brisez vos foibles dents sur leurs pierres funebres.
Ah! de ces demi-dieux si les noms révérés
Par la gloire et le temps n'étaient pas consacrés,
Leur immortalité deviendrait votre ouvrage :
La calomnie honore en croyant qu'elle outrage.

Narcisse et Tigellin, bourreaux législateurs,
De ces menteurs gagés se font les protecteurs;
De toute renommée envieux adversaires,
Et d'un parti cruel plus cruels émissaires,
Odieux proconsuls, régnant par des complots,
Des fleuves consternés ils ont rougi les flots :
D'un peuple trop crédule adulateurs impies,
De l'état épuisé dévorantes Harpies,
Gorgés de sang et d'or, ces tyrans du sénat
Aux juges meurtriers dictoient l'assassinat :
J'ai vu fuir à leur noms les épouses tremblantes:
Le Moniteur fidele, en ses pages sanglantes,
Par le souvenir même inspire la terreur,
Et dénonce à Clio leur stupide fureur :
J'entends crier encor le sang de leurs victimes;
Je lis en traits d'airain la liste de leurs crimes.
Et c'est eux qu'aujourd'hui l'on voudrait excuser!
Qu'ai-je dit? on les vante... et l'on m'ose accuser!
Moi, jouet si long-temps de leur lâche insolence,
Proscrit pour mes discours, proscrit pour mon silence,

Seul, attendant la mort, quand leur coupable voix
Demandait à grands cris du sang, et non des lois!
Lorsque je les ai vus ivres de tyrannie,
J'entendrais ces valets, rois par la calomnie,
Me reprocher le sang d'un frere infortuné,
Qu'avec la calomnie ils ont assassiné!
L'injustice agrandit une ame libre et fiere.
Ces reptiles hideux, sifflant dans la poussiere,
N'ont point semé la guerre entre son ombre et moi:
Le crime fut pour eux; c'est pour eux qu'est l'effroi.
Brigands, qui conduisiez la victime aux supplices,
Mon cœur cherchoit en vain le cœur de vos complices;
Je priais, l'œil en pleurs, le front humilié:
Mais ils vous ressemblaient, ils étaient sans pitié.
Si, le jour où tomba leur puissance arbitraire,
Des fers et de la mort je n'ai sauvé qu'un frere
Qu'au fond des noirs cachots Dumont avait plongé,
Et qui deux jours plus tard périssait égorgé,
Auprès d'André Chénier avant que de descendre,
J'éleverai la tombe... où manquera sa cendre,
Mais où vivront du moins et son doux souvenir,
Et sa gloire, et ses vers, dictés pour l'avenir.
Là, quand de thermidor la septieme journée
Sous les feux du chevreau ramenera l'année,
Ô mon frere, je veux, relisant tes écrits,
Chanter l'hymne funebre à tes mânes proscrits;
Là, souvent tu verras près de ton mausolée
Tes freres gémissants, ta mere désolée,

Quelques amis des arts, de l'ombrage, et des fleurs;
Et ton jeune laurier grandira sous mes pleurs.
Pour moi, de faux crayons noirci par l'imposture,
Contre mes ennemis soulevant la nature,
Unissant à ma voix les accents fraternels,
J'attacherai l'opprobre à leurs noms criminels:
Et si, dans les transports d'un délire homicide,
Prenant leurs foibles traits pour les fleches d'Alcide,
Langlois, Crétot, Suard, Souriguiere, Fantin,
Ont par la calomnie illustré mon destin,
Fantin, Suard, Crétot, Langlois, et Souriguiere,
Entourés tout-à-coup d'une affreuse lumiere,
Au défaut du carcan, qu'ils ont trop mérité,
Subiront dans mes vers leur immortalité.

Quel sujet de vengeance arma ces doctes plumes,
Noircit tant de journaux, salit tant de volumes?
Des paisibles Cotins ai-je été l'oppresseur?
M'a-t-on vu gourmander dans un vers agresseur
De ces nains orgueilleux la grotesque insolence?
Je lisais Rœderer et bâillais en silence;
Je supportais Lésay, ce pédant jouvenceau,
Qui n'est qu'un Rœderer, et se croit un Rousseau.
Ce n'est pas que jamais, hypocrite et docile,
Ma muse ait trafiqué d'un suffrage facile;
A d'assez plats héros, prostituant leurs voix,
De très plats écrivains ont prodigué sans choix

Cet opprobre bannal qu'ils nomment leur estime :
Moi, qui ne sais offrir qu'un encens légitime,
Et qui, pour tout trésor, ne voudrais obtenir
Que d'être aimé de ceux qu'aimera l'avenir,
Je mets quelque distance entre Achille et Thersite;
A louer, à blâmer également j'hésite.
La critique demande un esprit délicat :
Tout louer est d'un sot, tout blâmer est d'un fat.
Un Rovere, un Dumont, geoliers sous Robespierre,
Ne sont point à mes yeux Daunou ni Révelliere.
Louvet, bravant les fers, l'exil et le trépas,
Accusa les tyrans, et ne les servit pas.
Si, dans sa feuille impure, un vil Suard le brave,
Sous l'habit d'affranchi je reconnais l'esclave;
La bacchante, affectant une fausse pudeur,
Imite mal d'Hébé la grace et la candeur.
Malgré le fard usé d'un pénible artifice,
J'entrevois aisément les grimaces du vice :
Il se déguise en vain sous des traits ingénus;
C'est Méduse empruntant le masque de Vénus.

Mais tout mérite illustre a conquis mon hommage;
Et si de l'Hôpital j'osai tracer l'image,
Si le doux Fénélon, paré de quelque fleurs,
Sur la scene attendrie a fait couler des pleurs,
Si j'ai vengé Calas et célébré Voltaire,
Je n'ai pas prétendu, malignement austere,

Envieux avec art, dans mes dégoûts savants,
De la gloire des morts accabler les vivants.
Desfontaines lançait des fleches incertaines ;
Piron d'un trait plus sûr a frappé Desfontaines :
Le juge est condamné par la postérité.
Le temps d'un pas tardif conduit la vérité ;
Nos illustres vivants seront des morts illustres :
A l'humaine injustice épargnons quelques lustres.
Au sein du présent même écoutant l'avenir,
Certain de ses décrets, je veux les prévenir.
Ma voix, pour décerner un hommage équitable,
N'attend pas que le temps de sa faux redoutable
Ait réuni Saint Pierre à son maître Platon,
Garat à Condillac, et la Grange à Newton.
J'aime à voir de Colin la décente Thalie
Des humains en riant crayonner la folie ;
Parny dicter ses vers mollement soupirés ;
Dans ses malins écrits avec goût épurés,
Palissot aiguiser le bon mot satyrique ;
Lebrun ravir la foudre à l'aigle pindarique ;
Delille, nous rendant le Cygne aimé des dieux,
Moduler avec art ses chants mélodieux ;
Et, de l'Eschyle anglais évoquant la grande ombre,
Ducis tremper de pleurs son vers tragique et sombre.
Si même il fut un temps où la Harpe irrité
Voulut noircir mes jours d'un fiel non mérité ;
Oubliant sa brochure, et non pas Mélanie,
Quand les Goths menaçaient l'auteur de Virginie,

N'ai-je pas témoigné tout mon mépris pour eux,
Et le respect qu'on doit au talent malheureux?
Des beaux arts opprimés relevant l'infortune,
J'ai de ces noms fameux embelli la tribune;
Tailleyrand, méconnu, dans l'exil a gémi;
Il etait malheureux, je devins son ami,
Un décret du sénat le rendit à la France.
J'ai vécu libre et fier, mais sans intolérance;
Plaignant le sot crédule, abhorrant l'imposteur,
Souvent persécuté, jamais persécuteur,
Adversaire constant de toute tyrannie,
Ami de la vertu, défenseur du génie,
Convaincu seulement du crime détesté
D'avoir aimé, servi, chanté la liberté.

Oui, j'ai commis ce crime, et je m'en glorifie;
Oui, les sucs généreux de la philosophie
Ont contre les revers fortifié mon cœur;
Des préjugés vieillis ils m'ont rendu vainqueur:
Aux feux qu'ont allumés Rousseau, Bayle, et Voltaire,
J'ai vu se dissiper cette ombre héréditaire
Qui couvrait les humains dans la nuit expirants;
Et j'ai su mériter la haine des tyrans.
Des esclaves vendus la colere débile
De cris calomnieux a fatigué ma bile;
Ma muse d'Archiloque implora le courroux:
Ma muse enfin retourne à des travaux plus doux.

Amitié, dont les soins font oublier l'envie,
Arts, brillants séducteurs qui colorez la vie,
Raison, guide des arts et même des plaisirs,
Embellissez encor mes studieux loisirs.
Je laisse à mes écrits le soin de ma défense.
Cher Philandre, le Dieu que j'aimai dès l'enfance
Donne à ses nourrissons un exemple sacré.
Si l'impudent satyre est par lui déchiré,
S'il punit d'un Midas les caprices stupides,
Si le noir Python meurt sous ses fleches rapides,
De ses feux bienfaisants il mûrit nos moissons,
Dans ses douze palais il conduit les saisons,
Il préside aux concerts des doctes immortelles,
Et sur sa lyre d'or il chante au milieu d'elles.

www.ingramcontent.com/pod-product-compliance
Lightning Source LLC
Chambersburg PA
CBHW070439080426
42450CB00031B/2737